L'AQUARELLE

ET

LE LAVIS

EN

SIX LEÇONS

REVUS, CORRIGÉS ET AUGMENTÉS

PAR

GOUPIL, ÉLÈVE D'HORACE VERNET.

> Le dessin est un des plus excellents ouvrages de l'esprit..., Il n'y a donc rien que l'homme doive plus cultiver.
>
> BOSSUET.

PRIX : 1 FR.

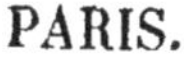

PARIS.

DESLOGES, LIBRAIRE, 4, RUE CROIX-DES-PETITS-CHAMPS.

1858

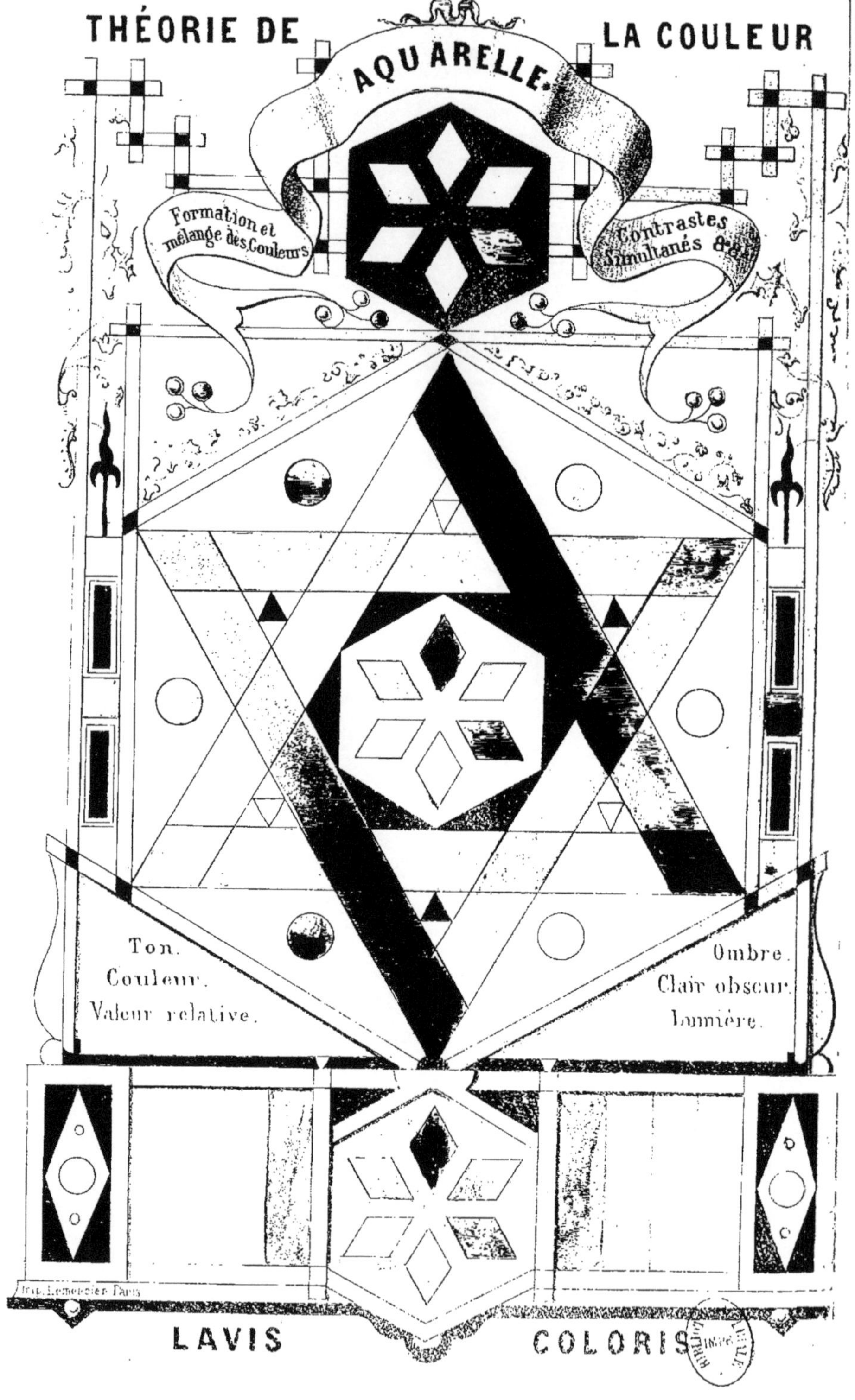
THÉORIE DE
LA COULEUR
AQUARELLE.
Formation et mélange des Couleurs
Contrastes Simultanés &c.
Ton.
Couleur.
Valeur relative.
Ombre.
Clair obscur.
Lumière.
Imp. Lemercier Paris
LAVIS
COLORIS

TRAITÉ

D'AQUARELLE

ET

DE LAVIS

EN

SIX LEÇONS

AVEC PLANCHE ORNEMENTALE POUR SERVIR A L'INTELLIGENCE DE LA THEORIE UNIVERSELLE DES MÉLANGES ET DES CONTRASTES DE LA COULEUR.

PAR

GOUPIL, ÉLÈVE **D'HORACE VERNET.**

Le dessin est un des plus excellents ouvrages de l'esprit.... Il n'y a donc rien que l'homme doive plus cultiver.

BOSSUET.

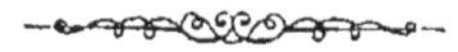

PARIS.

DESLOGES, LIBRAIRE, 4, RUE CROIX-DES-PETITS-CHAMPS.

1858

TABLE.

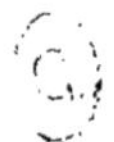

Paris. — Imp. de Pommeret et Moreau, 42, rue Vavin.

L'AQUARELLE ET LE LAVIS.

ORIGINE DE L'AQUARELLE; SES AVANTAGES, LES ARTISTES QUI SE SONT DISTINGUÉS DANS CE GENRE.

Dans les anciens manuscrits, on enjolivait le texte d'illustrations et de sujets, exécutés sur vélin ou peau de veau mort-né; c'est dans ces ouvrages que l'on vit les premières miniatures; on prétend même que le mot *miniature* vient de *minium*, nom de la couleur rouge dont on embellissait quelques lettres ornées qui rehaussaient les titres des chapitres. Les Arabes, les Byzantins, les Grecs ont produit des manuscrits remarquables par leurs peintures; ce genre se perfectionna en Italie, en Allemagne et particulièrement en France, où, sous Charles V, il fit de rapides progrès; mais la découverte de *l'imprimerie*, en multipliant les livres, fit abandonner les miniatures. Alors, les artistes adonnés à ce précieux genre firent de petits sujets gracieux que l'on encadrait, puis des portraits dont on ornait les bonbonnières, les bracelets et enfin les éventails.

Les couleurs y étaient employées à la *gouache*, c'est-à-dire épaisses et mélangées souvent avec le blanc, ce qui leur donnait un aspect un peu farineux et plâtré. L'aquarelle a été le résultat perfectionné de la gouache et des miniatures;

son application à une grande variété de genres, s'est généralisée graduellement par la marche de l'art jusqu'à nos jours. Elle a l'avantage sur la peinture à l'huile d'être moins exposée à changer avec le temps, puisque l'eau, qui sert seule au broyage des couleurs, ne saurait en faire varier les nuances autant que les huiles et les vernis, dans les tableaux.

Il sera très-profitable à l'artiste qui veut s'instruire, de voir les manuscrits de la bibliothèque et de visiter souvent la galerie des dessins anciens, au Louvre ; ce sera pour lui l'occasion d'y remarquer que les dessins lavés s'exécutaient, ou sur papier blanc, avec une seule couleur qui était le bistre, la sanguine, l'encre de Chine, la sépia, ou sur papier coloré ou teinté (dit papier de pâte), avec les mêmes couleurs rehaussées de blanc et de craie. Les maîtres anciens prenaient aussi pour champ le papier, y employant les teintes aqueuses de couleurs transparentes, superposées légèrement les unes aux autres, les rehaussant quelquefois de blanc et de retouches gouachées, pour se rendre compte d'avance, non seulement de l'ordonnance, mais encore des effets du coloris, des compositions qu'ils se proposaient d'exécuter en grand. On admire la facture large et hardie des *cartons* peints au lavis par Raphaël, Lebrun, Lesueur, Rubens, Van Dyck, Poussin, etc., etc. Rubens et Van Dyck employaient beaucoup la gouache pour rehausser et colorer, même les ébauches au crayon, de leurs grandes pages.

Les Hollandais ont longtemps adopté aussi le lavis coloré, soit comme délassement, soit comme croquis rapide des tableaux de genre. Un grand nombre des dessins, provenant de grands artistes, sont premièrement tracés à la plume avec une fermeté spirituelle et hardie, qui dénote l'étude et la connaissance profonde qu'ils avaient de la forme, et combien ils en faisaient avec raison la base solide et indispensable de leurs conceptions.

Aujourd'hui, nos artistes, qui cherchent plutôt à séduire les amateurs par la coquetterie des ouvrages que par le seul intérêt de la vérité souvent trop sérieuse, exécutent néanmoins, avec une remarquable habileté, des aquarelles qui sont parfois de petits chefs-d'œuvre, et il faut reconnaître que l'introduction des albums sur les tables de nos élégants salons a puissamment fait progresser l'art du lavis à l'aquarelle.

La peinture à l'aquarelle en est arrivée à un degré de perfection que les artistes futurs auront peine à surpasser, et il y a certes bien loin de celles que nous a laissées Nicolle dans le siècle dernier, et dont on retrouve encore de temps à autre quelques spécimens appâlis, à l'aquarelle telle que la comprennent les aquarellistes anglais et les nôtres, à l'heure où nous écrivons ces lignes.

C'est qu'en effet l'aquarelle, dans son début,

n'était qu'un lavis aux teintes légèrement étendues ; sans vigueur, sans chaleur, semblable, en sa façon, aux plans d'architecture et aux cartes géographiques, et d'une valeur artistique tout à fait négative; tandis que maintenant elle est devenue la rivale de la peinture à l'huile, qu'elle égale parfois en vigueur et qu'elle surpasse souvent en finesse.

Les ciels vaporeux, les eaux transparentes, les profils énergiques d'une végétation puissante, se détachant sur des horizons lointains, elle rend tout avec un égal bonheur.

Parmi les Anglais, Bonnington, Wild, Fielding, Cattermoole; en France, Roqueplan, les deux Johannot, Isabey, Ciceri, A. de Dreux, Ad. Midy, A. Lacroix, Hubert, Siméon Fort et *tutti quanti*, ont porté l'aquarelle à un degré tellement supérieur, que l'on ne peut plus guère espérer de l'élever plus haut.

C'est, du reste, un genre de peinture qui convient mieux que tout autre aux amateurs, en raison du peu d'attirail qu'il comporte. S'agit-il, en effet, d'aller s'établir momentanément à la campagne ; veut-on prendre un point de vue, travailler en plein air ; est-il question de s'installer dans un salon pour y prendre séance et faire un portrait demandé, un portefeuille à gousset, de médiocre dimension, contient le stirator, le papier, la palette et encore la boîte à couleur.

Si l'on doit travailler dans l'intérieur de la

maison, deux verres viennent compléter les objets nécessaires ; si c'est dehors, il suffit d'emporter une petite bouteille pleine d'eau, avec un double godet en fer-blanc.

Pour une femme surtout, l'aquarelle a des avantages réels en dehors de ses résultats : là, point d'odeur d'huile rance, point d'essence de térébenthine portant à la tête, point de risque de se tacher, qui impose la nécessité de bouts de manches et d'un tablier, deux choses assez maussades dès qu'on travaille hors de l'atelier, et fort peu gracieuses à produire aux regards.

Nous ne devons pas dissimuler néanmoins que ce genre de peinture comporte de grandes difficultés : contrairement à l'huile, où les lumières s'empâtent avec du blanc et peuvent se rattraper après coup, les lumières de l'aquarelle doivent être réservées, en sorte qu'il est nécessaire de veiller sans cesse sur son ébauche pour ménager les effets que des teintes trop lourdes pourraient détruire.

Quant aux parties vigoureuses de l'aquarelle, on ne saurait les obtenir que par des teintes superposées et composées de manière à ce que, dans l'ombre la plus obscure, il existe une espèce de transparence qui la fasse s'harmoniser avec les parties chaudes et colorées des teintes et des lumières.

L'aquarelle n'est donc pas un genre dans lequel on puisse exceller sans de longue et sérieuses études ; et comment en serait-il autre ment, puisqu'on peut y produire au jour, comme sur la toile, le talent du compositeur, du dessinateur et du coloriste, en y ajoutant la qualité d'une volonté persistante indispensable pour arriver à un résultat aussi complet, avec des ressources beaucoup moindres que celles qui existent dans les autres genres?

PREMIÈRE LEÇON.

ÉTUDE EXPÉRIMENTALE DU COLORIS.

Laissant de côté toute définition oiseuse sur la couleur en général et sur ses causes inconnues, quoique très-savamment décrites dans une foule d'ouvrages spéciaux, nous nous bornerons à dire à l'élève qu'il se rendra un compte parfaitement exact de tous les mélanges par la méthode simple suivante : qu'il trace sur le papier deux lignes à égale distance l'une de l'autre ou parallèles, et qu'il en remplisse l'intervalle d'une teinte plate uniformément étendue de couleur rouge, il obtiendra une bande rouge ; qu'il trace ensuite sur cette bande, comme base, deux autres bandes de même largeur et longueur disposées de manière à former avec la bande rouge un triangle équilatéral ; qu'il en remplisse le tracé par du jaune sur le second côté croisant sur la bande rouge, et par du bleu croisant sur le jaune ; le triangle obtenu sera formé de trois bandes de couleurs dites primitives ou mères de toutes les autres; on observera qu'elles produisent aux angles où les bandes se croisent premièrement le rouge avec le jaune : *l'orange* ; secondement, le jaune avec le bleu : *le vert* ; troisièmement, le bleu avec le rouge : *le violet*.

Si le triangle en question où l'on voit en effet, aux trois angles, les couleurs *orange*, *vert* et *violet*, est exécuté avec des couleurs claires, cesdites couleurs données par le croisement ou mélange des couleurs mères, seront claires ; si le triangle était au contraire formé de bandes foncées, les mélanges seraient foncés ; si l'élève veut s'exercer sur cette proposition, il pourra le faire en traçant à l'intérieur du triangle et à l'extérieur, des lignes parallèles à égales distances de manière à former des séries de triangles équilatéraux qu'il remplira de bandes colorées de chaque couleur-mère, par gradation du clair au foncé, appliquant les teintes rouges du côté de la bande rouge, etc., etc., de plus en plus foncé vers le centre, conservant les teintes claires pour les bandes extérieures au premier triangle.

On obtient au compas un triangle équilatéral en traçant d'abord un cercle, et après avoir porté six fois l'ouverture du compas qui a servi à tracer le cercle sur la circonférence, on joint les six points par des lignes droites, ce qui donne un polygone régulier de six côtés ; donc, pour avoir le triangle qui est un polygone de trois côtés seulement, on joindra les points par trois lignes. Partant d'un point, on négligera le voisin, on tirera une ligne sur le point suivant, et ainsi de suite, allant de droite vers la gauche ou de gauche à droite indifféremment.

On verra par l'expérience analogue faite également d'après le même système sur des triangles à bandes parallèles, ce que deviennent par le croisement ou mélange l'orange, le vert et le violet. On peut par cette succession d'exercices acquérir une idée mathématiquement exacte de tous les bruns et de toutes les combinaisons imaginables. L'élève fera bien également de fixer à part sur une feuille de papier spéciale chaque teinte de couleur composée sur un rond et à côté de deux ronds se recouvrant partiellement et indiquant les deux couleurs qui ont servi à former le composé. Cette méthode toute expérimentale suffira à fixer dans la mémoire l'impression de la couleur cherchée.

On remarquera qu'en mêlant ensemble à proportions égales du rouge, du jaune et du bleu, il en résulte toujours une espèce de noir. Récapitulons :

Le rouge et le jaune donnent	l'orange ;
Le jaune et le bleu,	le vert ;
Le bleu et le rouge,	le violet ;

ce qui, dans l'ordre des couleurs du prisme ou de l'arc-en-ciel, fournit la disposition des zones rouges, orangées, jaunes, vertes, bleues et violettes qu'on peut exercer l'élève à obtenir en les fondant les unes dans les autres par bandes circulaires formées de demi-cercles concentriques.

Autre remarque sur les mélanges.

Si l'on veut, par exemple, faire un composé orange dans des conditions que j'appellerai normales, on mettra égale quantité de rouge, égale quantité de jaune et ainsi de tous les autres mélanges ; il est aisé de concevoir que si l'on augmente l'une ou l'autre des couleurs composantes, le mélange tirera sur celle qui aura été employée le plus abondamment.

Nous avons à fixer l'esprit sur ce qu'on entend par qualités de la couleur.

Les couleurs se présentent à nos yeux sous les apparences les plus variées ; leur éclat dépend de la lumière plus ou moins vive qui les éclaire ; cette étude est par conséquent immense et l'attrait qui s'y attache est infini comme la nature. L'œil cependant n'est pas impressionné de la même manière par les couleurs chez tous les individus de la race humaine. On voit même certaines conformations oculaires défectueuses affectées d'une infirmité dite *daltonisme*, qui fait que les teintes vertes se confondent dans le jugement avec les rouges, ou les rouges paraissent bruns, etc., etc.

Il n'est pas prouvé que le tempérament des personnes, l'hygiène qu'elles suivent, et la nourriture qu'elles prennent habituellement, le climat, et en un mot, les milieux dans lesquels elles vivent n'influent pas puissamment sur la force et l'énergie perceptive et sensitive de leurs yeux ; l'œil dans le corps humain n'a-t-il pas sa vie propre et ne prend-il pas dans l'atmosphère et dans les substances dont le corps se nourrit les éléments inconnus de ses conditions de perfection ?

Les couleurs peuvent exister sur les corps de la nature, les couvrir, être transparentes, c'est-à-dire permettre d'en distinguer d'autres à travers; comme celle des cristaux, des vapeurs, des fumées, des eaux : être lumineuses par elles-mêmes ou par l'effet des corps qui nous les transmettent au point de ne pas permettre à nos prunelles d'en supporter l'impression, et les dernières découvertes si intéressantes de M. Niepce de Saint-Victor sur l'existence de substances plus ou moins capables d'emmagasiner la lumière, peuvent nous porter à croire que la composition des humeurs de l'œil doit être éminemment choisie par le Créateur entre toutes celles douées au plus haut point de cette puissante et incompréhensible propriété, puisque nous voyons les yeux fermés dans nos rêves.

Les couleurs des fleurs ont un éclat quelquefois lumineux comme le feu, tel est le géranium d'Afrique. Celle du ciel, la verdure des prés nous reposent la vue ; d'autres, telles que le blanc resplendissant du soleil, nous blessent et laissent pendant quelques instants des taches noires, rouges ou vertes dans nos yeux après avoir trop fixement regardé.

L'observation continuelle de tous les effets produits sur nos yeux par les objets colorés qui nous entourent, constitue l'étude journalière du peintre. Pour en tirer le meilleur profit, il faut, comme pour tout ce qu'on veut étudier, savoir diriger notre attention en partant du facile pour nous conduire au difficile.

Pour bien comprendre les couleurs, il s'agit d'apprendre à bien voir et à saisir les contrastes.

Il y a deux choses à considérer dans la couleur : 1° la couleur elle-même ; 2° son entourage ou son voisinage ; le rapport de deux ou plusieurs couleurs entre elles est ce qu'on nomme leur contraste, qu'il faut bien distinguer de leur *mélange*.

Le contraste est un *contraste de ton* ou de nuance, lorsqu'on voit, par exemple, une teinte brun-clair à côté du même brun plus foncé. Mais si vous aviez un brun-clair à côté d'un brun plus foncé et qu'à ce brun plus foncé vous mélangiez une couleur quelconque, vous auriez un contraste mixte, c'est-à-dire double contraste, de ton et de couleur. Le contraste de couleur n'est que la *juxta position* ou *circum-position* d'une couleur à côté ou autour d'une autre.

La juxta position des couleurs les unes à côté des autres produit une impression qu'on ne saurait apprécier sans l'étude suivante qui va démontrer que les couleurs ont plus ou moins d'éclat, plus ou moins d'obscurité, plus ou moins de ce qu'on appelle harmonie entre elles, selon leur voisinage ou leur entourage. Dans les dessins ou lavis d'une seule couleur, on n'observe que le contraste de *ton;* dans les gravures, de même ; c'est au moyen d'une seule couleur dégradée depuis le plus sombre jusqu'au degré le plus clair, qu'on modèle les objets. Si c'est avec du gris, le dessin se nomme *grisaille* ; si le dessin, lavis ou peinture s'exécute avec une autre couleur, il prend le nom de camaïeu, et la manière dont l'artiste donne l'idée du relief aux objets se nomme l'observation du *clair obscur* (unique et spéciale étude tout à fait indépendante de celle de la couleur et où Rembrandt excellait particulièrement).

L'étude du clair obscur se trouve liée à celle de la couleur dans l'exécution d'un tableau, puisque chaque surface ou chaque objet, dans sa couleur spéciale, n'y peut avoir l'apparence du relief que par le clair obscur ou le ton d'ombre de lumière et de reflet de la couleur tantôt claire, tantôt foncée, qui sert à la modeler sur la toile.

On va voir, d'après les expériences suivantes, ce qui constitue spécialement le contraste de ton.

Faites quatre petits carrés longs et égaux de

la forme à peu près des fiches et remplissez-les chacun d'une teinte parfaitement plate d'encre de Chine; sur le premier une teinte gris-clair, sur le second une teinte plus foncée, sur le troisième encore plus foncée, sur le quatrième encore plus. (Il est essentiel de les couvrir d'une manière parfaitement unie.) Si, après les avoir découpés avec des ciseaux, vous les juxtaposez, vous serez surpris de voir que sur chaque bord où une teinte plate est contiguë à sa voisine, il apparaît une espèce d'ombre qui semble faire creuser les teintes. Cet effet cesse dès l'instant que vous isolez un des carrés longs du carré suivant en y interposant du blanc de manière à ce que le carré ait une marge uniforme de blanc tout autour.

C'est le résultat du contraste de ton.

Le blanc est la couleur de la lumière ou des objets qui la reçoivent le plus abondamment.

Le noir est sa complémentaire et la couleur de l'obscurité, mot qui exprime l'absence de lumière; c'est par les passages gradués intermédiaires entre la lumière et l'ombre que nous comprenons le relief ou le creux des objets. Le noir juxtaposé au blanc fait paraître le blanc plus vif et réciproquement le noir entouré de blanc paraît plus profond et plus intense.

L'espace plus ou moins grand qu'occupe la couleur joue un rôle particulier dans nos perceptions. Un petit point noir entouré de beaucoup de blanc paraît plus petit qu'il n'est réellement. Découpez des ronds de papier noir de diverses grandeurs et collez-les sur du papier blanc à la suite les uns des autres contigus, ou en les séparant les uns des autres; tracez au-dessous avec le compas, des cercles exactement semblables et égaux aux premiers que vous remplirez d'un ton uniforme gris pour tous les cercles, vous observerez que les ronds gris vous paraîtront plus grands que les ronds noirs. Par la même raison si vous collez sur un fond de papier noir des ronds blancs par cela même que le blanc est plus sensible à notre œil par contraste que le noir, ils vous paraîtront plus gros que ceux que vous vous borneriez à tracer au simple trait sur un papier blanc. On voit par là pourquoi au théâtre les costumes blancs grossissent les acteurs et les noirs agissent à l'inverse, d'où l'on s'explique que les couleurs, de quelque nature qu'elles soient, quand elles sont très-claires ou éclatantes, produisent les effets opposés à ceux des couleurs sombres.

C'est par l'observation unique des contrastes qu'on trouve la clef de l'harmonie en peinture.

Le fond clair ou foncé sur lequel une couleur ressort, établit donc toujours un contraste qu'il faut connaître et étudier sans cesse. On tirera de ces expériences successives les règles les plus sûres du goût, qui est tout entier dans les proportions. On n'arrive au beau que par les proportions. Qu'est-ce que les proportions? Cette définition est empruntée aux mathémathiques, c'est le rapport des grandeurs et des quantités entre elles. Il y a proportion dans les couleurs comme elles existent dans les chiffres et dans les lignes. Les couleurs à droite ou à gauche les unes des autres changent de valeurs pour nos yeux comme les numéros selon l'ordre qu'ils occupent à leur rang dans les nombres.

Prenez une feuille de papier que vous peindrez d'un gris uniforme, découpez-y des ronds rouge, orangé, jaune, vert, bleu, violet que vous poserez dessus, et regardez au soleil chacun de ces ronds colorés. Vous observerez bientôt le phénomène suivant. Il se formera :

Autour du rond rouge, une auréole verdâtre sur le fond gris;

Autour du rond orange, vous verrez l'auréole bleuir;

Autour du rond jaune, devenir violette;

Autour du rond vert, devenir rougeâtre;

Autour du rond bleu, devenir orangée;

Autour du rond violet, devenir jaune, ce qui fait voir que le rouge jette autour de lui ou à côté de lui du vert, et que le vert jette du rouge, que le jaune jette du violet, et le violet du jaune, que le bleu jette de l'orangé et que l'orangé jette du bleu, ou en d'autres termes scientifiquement admis, que le rouge et le vert sont complémentaires l'un de l'autre ainsi que le jaune et le violet, l'orangé et le bleu.

On peut obtenir une démonstration non moins frappante que la précédente en regardant fixement sur un papier blanc un pain à cacheter de chaque couleur simple, et on ne tardera pas à être surpris surtout de voir au soleil se former la complémentaire de chaque couleur par l'apparition lumineuse de l'auréole de couleur *complémentaire*, et si, après avoir fixé quelque temps un pain à cacheter rouge sur le blanc, on le déplace rapidement en conservant l'œil sur le lieu qu'il occupait, on est vivement étonné de voir la place du rond rouge se changer en une lueur verte arrondie en cercle et parfaitement visible, mais dont l'impression s'évanouit bientôt.

Cette épreuve peut être appliquée à toutes les autres couleurs. C'est ce qu'on nomme contraste successif. Ce phénomène se renouvelle continuellement et sans que nous en fassions la remarque dans nos yeux.

L'illustre et savant Chevreuil est le premier qui ait découvert la loi des contrastes de couleur qui fait l'objet d'un ouvrage spécial trop peu connu des artistes et où les expériences précédentes sont développées avec tout le talent que méritait la beauté du sujet.

Nous y renvoyons les artistes et les amateurs qui y puiseront des connaissances profondément utiles au développement de leurs talents et surtout du bon goût.

Il est impossible de pousser plus loin qu'il ne l'a fait la justesse des observations dans les jugements sur la couleur en général

M. Chevreuil a étudié la couleur appliquée à l'art, à l'industrie, à l'habillement de l'homme et de la femme, à la décoration des monuments, à la disposition des parterres de fleurs. M. Chevreuil a développé ses belles théories en cours public, et néanmoins un grand nombre de personnes les ignorent. Qu'il nous soit au moins permis ici de lui rendre un hommage public ; puissent ces quelques notions donner l'envie d'approfondir l'étude du coloris en lisant son magnifique travail !

DES OBJETS NÉCESSAIRES :

Un assortiment de couleurs Rowney ;
Une douzaine de feuilles de papier Whatmann ;
Deux douzaines papier ordinaire, raisin ;
Un petit et un grand stirator ;
Deux planchettes quart et demi-raisin ;
Deux éponges très-fines ;
Un morceau de colle à bouche ;
Une douzaine de pinceaux assortis ;
Une demi-douzaine de hampes ;
Deux verres et leurs soucoupes ;
Une palette en faïence ;
Une bouteille de gomme ;
Une pastille de blanc léger : le blanc de zinc

en goutelettes de madame Mantois est très-recommandable.

Une règle ;

Une équerre ;

Un canif ;

Un morceau de gomme élastique ;

Une douzaine de crayons Brockman ou Rowney. Les crayons Gilbert sont aussi excellents.

CHOIX DU PAPIER.

Le papier Whatmann, grain fin, est celui qu'on doit préférer pour l'exécution de l'aquarelle.

Il faut le choisir avec soin, de façon à ce qu'il ne contienne aucune petite tache de rouille, et le regarder en transparence pour s'assurer qu'il n'y existe aucun faible ou point blanc, car un manque de cette nature, s'il se trouvait dans une figure ou dans un ciel, vous ferait courir le risque de recommencer votre travail.

DE L'EMPLOI DU STIRATOR.

Le stirator est surtout nécessaire lorsqu'on veut peindre d'après nature, parce que si en voulant saisir un effet quelconque on en est mécontent, et si on souhaite le recommencer, il ne s'agit que de mouiller une nouvelle feuille à l'envers, de la poser bien carrément sur la toile du stirator, et de la pincer de manière à ce que, une fois la feuille séchée, elle soit parfaitement tendue.

EMPLOI DE LA PLANCHETTE, DE L'ÉPONGE ET DE LA COLLE A BOUCHE.

On prend de l'eau bien propre dans l'éponge qu'on presse légèrement, et, après avoir posé le carré de Whatmann qu'on veut coller, sur une feuille de papier ordinaire, on en humecte l'envers et on la laisse se ressuyer quelques instants, pendant lesquels on coupe un morceau de papier ordinaire, moins grand d'un travers de doigt que celui qu'on vient de mouiller; on le place au milieu de la planchette, puis on prend la feuille humectée et on la pose bien carrément, l'envers sur le morceau de papier ordinaire, qui doit servir d'intermédiaire entre la planchette et le Whatmann, afin d'éviter sous l'aquarelle la transparence du bois, transparence qui empêcherait de juger de la pureté et de la valeur des tons.

Pendant tous ces préparatifs, on a dû mettre la colle à bouche entre ses lèvres afin de l'amollir et de la rendre propre au service qu'on en attend. Il est temps alors de la glisser sous la feuille Whatmann, en observant de coller d'abord les quatre coins, puis les quatre milieux ; pour cela on a dû préparer une petite bandelette de papier, pliée en double, qu'on fait courir sur le bord à mesure qu'on passe la colle en dessous, et par-dessus laquelle on appuie en frottant ferme, soit avec un petit onglet en porphyre, dont quelques personnes se servent de préférence, soit, ce qui vaut mieux, avec l'ongle du pouce de la main droite, car il ne saurait y avoir, dans quelque instrument que ce puisse être, l'intelligence qui réside dans le toucher.

Deux observations sont à faire pour en finir avec le papier et le collage du papier : c'est, d'une part, que l'endroit de chaque feuille est le côté où se lit le nom du fabricant, et, de l'autre, que lorsqu'on humecte le papier, il faut le faire avec l'éponge pressée au préalable de façon à ce que la feuille ne soit mouillée que très-légèrement, sans quoi elle goderait de telle sorte, qu'on aurait mille difficultés à la coller bien carrément et comme elle doit l'être. Si la feuille de Whatmann dont on se sert est coupée en deux ou en quatre, et qu'on emploie d'abord le coin où se trouve le nom, on doit marquer les morceaux qui restent d'un signe qui en fasse reconnaître l'endroit.

DU CHOIX DES PINCEAUX. — COMMENT IL FAUT S'Y PRENDRE POUR LES HAMPER.

Les pinceaux dont on se sert pour l'aquarelle sont en martre ou en petit-gris. Pour choisir un pinceau, il faut en mouiller le poil dans un verre d'eau, en ôter le trop plein, puis l'appuyer sur la paume de la main gauche, tandis qu'entre le pouce et l'index de la main droite, on le fait rouler de manière à façonner le poil en une pointe parfaite.

Si, en cet état, cette pointe se montre peu fournie et trop amincie, le pinceau est mauvais, car, étant trop flexible, il ne saurait se relever lorsqu'il s'est courbé en se desséchant sur le papier.

Il faut se défier aussi d'un pinceau trop ventru, car, ayant le défaut de prendre trop de couleur, il est difficile de s'en rendre maître, et souvent il arrive que tandis que sa pointe étend la couleur où l'on veut qu'il y en ait, son ventre en met où il n'en faudrait pas, et déborde les contours qu'on doit ménager.

Enfin, si, en essayant sur la main la pointe d'un pinceau, quelques poils s'échappent du centre commun et s'en vont de çà et de là, il faut le mettre au rebut sans miséricorde.

Lorsqu'on veut hamper un pinceau, c'est-à-dire le monter après le petit bâtonnet appelé hampe, il faut d'abord le faire tremper dans un verre d'eau, et n'introduire la hampe dans le tuyau de plume que quand il est bien humecté; autrement la plume pourrait éclater et se fendre, et ce serait un pinceau perdu.

Les pinceaux doivent être emmanchés (ou hampés) deux. à deux, l'un devant servir pour étendre la couleur, et l'autre pour la fondre; il faut les acheter assortis, de manière à ce que les plus gros puissent laver les ciels, les terrains, les draperies, tandis que les moyens indiqueront les ombres, les retouches, l'ébauche des chairs, et que les plus petits seront utilisés pour les travaux délicats et qui demandent de la précision et de la fermeté.

On ne doit jamais négliger de laver les pinceaux quand on a achevé de travailler, spécialement si l'on s'est servi de gomme en les employant.

DE L'EMPLOI DES VERRES ET DES SOUCOUPES.

Pour ne pas se trouver forcé de changer son eau trop souvent, il faut avoir toujours un de ses verres qui ne serve qu'à contenir l'eau dont on délaie les tons sur la palette. Dans l'autre on lave les pinceaux, en ayant soin de les dégorger d'abord dans la soucoupe sur laquelle il est posé; de cette façon, on peut travailler une longue séance sans avoir besoin de se déranger.

DE LA PALETTE.

Les palettes les plus commodes sont de la forme d'un carré long, aussi grandes que possible. Les couleurs doivent y être délayées sur les côtés dans l'ordre le plus rapproché des couleurs du prisme. Le centre de la palette resté libre est réservé pour y opérer le mélange des teintes. Sous peine de se servir de tons sales et dénaturés, il faut la nettoyer chaque jour avant de s'en servir avec une éponge consacrée à cet usage ; les tons frais surtout ont besoin de toute la pureté possible ; car s'ils se trouvaient ternis ou rompus par le mélange des tons d'ombre, là où l'on aurait voulu mettre un ton lumineux, on n'aurait qu'une demi-teinte.

On peut également avoir une palette d'ivoire comme celle des miniaturistes ; mais si l'on tient à éviter de la dépense, la première assiette venue peut suffire, et si l'on veut même délayer ses couleurs dans des coquilles de moule parfaitement propres, il n'y a aucun inconvénient à le faire.

La palette d'ivoire des miniaturistes est très-commode à cause de sa légèreté, qui la rend très-portative même dans un portefeuille à dessin.

On vend aussi actuellement des boîtes à couleurs en tôle peintes à l'huile, contenant des couleurs en pastilles, et servant en même temps de palettes ; les couleurs en pastilles sont d'un prix inférieur aux autres, mais ont l'inconvénient de se briser à la longue en se desséchant. Cependant, en les achetant chez certains fabricants consciencieux, on les trouvera aussi bonnes que les couleurs en pains; il faut seulement en épousseter ou laver souvent la superficie qui se charge très-facilement de poussière, et de même que dans la peinture à l'huile, les atômes poudreux font tache dans les teintes, et nuisent à la limpidité ou pureté des effets.

Exercices préliminaires conseillés aux amateurs pour l'étude du maniement du pinceau dans le lavis en général.

La qualité et la contexture du papier, la manière dont il est encollé, la position horizontale, inclinée ou verticale dans laquelle il se présente sous l'action du pinceau; les inclinaisons diverses du pinceau lui-même, plus ou moins chargé de couleur, plus ou moins humide; la rapidité ou la lenteur calculée de la pose de chaque touche, constituent l'ensemble des points à signaler à l'attention particulière des amateurs, et qui feront l'objet de notre examen détaillé ci-dessous.

On se procurera des papiers blancs, de différentes sortes de grain, depuis la plus grande force (dit gros papier torchon) jusqu'au papier le plus lisse et le plus fin, pour faire connaissance avec le genre de travail de lavis qu'on devra adopter sur chacun. On pourra tendre sur un carton ou sur plusieurs petits bouts de carton, des carrés de chacune de ces sortes de papier, et l'on procédera sur le papier à gros grains d'abord qui est ordinairement très-fort et très-collé. L'on prendra successivement ensuite les papiers d'un grain moins saillant jusqu'à ce qu'on arrive au plus lisse.

On prendra d'abord un gros pinceau portant son auxiliaire, humide et sans couleur, à l'autre bout de la hampe, comme il a été dit à l'article *Pinceau*. On le chargera d'eau, et d'une couleur quelconque que l'on délaiera sur la palette en faïence, en roulant le pinceau dans les doigts jusqu'à ce que la teinte se présente bien liquide et sans petits grains. Alors, après avoir tracé légèrement sur le papier les contours d'un espace et d'une forme arbitraire, comme, par exemple, la surface d'un département ou d'un pays représenté sur une carte topographique, on se proposera de le remplir d'une teinte lavée, parfaitement unie et nette sur ses bords. On commencera par couvrir un espace dont l'étendue sera un peu moindre que le fond d'un verre à boire; les grandes teintes étant plus difficiles à obtenir, on humectera premièrement avec le pinceau chargé d'eau sans couleur tout l'intérieur à remplir, en ayant soin de ne pas arriver jusqu'au bord qui est tracé et de laisser entre ce bord et l'eau qu'on a posée un petit filet sec de la largeur de deux ou trois lignes; on se servira alors du pinceau chargé de couleur en partant de l'intérieur du trait de crayon allant vers le mouillé dans lequel chaque coup de pinceau se fondra vaporeusement. On fera tout le pourtour et on remplira en second lieu et rapidement l'intérieur de la surface à couvrir, en chassant toujours vers la partie centrale et humide ce que le pinceau peut contenir de surabondance de couleur; s'il se forme une goutte trop chargée, on l'étend avec un pinceau sec.

L'élève comprendra par la pratique et un peu d'attention sur ces essais, que le but qu'on a cherché en humectant préalablement la masse intérieure de l'espace à colorer, d'une teinte plate, a été d'empêcher les coups de pinceaux successifs de se voir dans leurs reprises, puisqu'ils se fondent dans l'eau qui n'a pas eu le temps de s'évaporer.

Il sera utile pour se convaincre du rôle de l'eau pure pour fondre la couleur, d'expérimenter sur des gouttes d'eau de divers diamètres et plus ou moins liquides, et de les charger de couleur en les touchant dans le centre avec la pointe d'un pinceau plus ou moins fournie de matière colorante quelconque; on les laissera sécher d'elles-mêmes, et l'observation des divers résultats obtenus démontrera suffisamment le principe de toute dégradation de teintes claires ou foncées au moyen de l'eau.

Une série de petites gouttes d'eau contiguës de la grosseur d'un pois et rangées les unes près des autres, chargées avant qu'elles ne sèchent d'une quantité suffisante de couleur arbitraire, couvriront le papier d'un travail analogue à celui dont on se sert pour ébaucher le feuillé de certains paysages.

Si l'espace qu'on voudrait peindre uniformément était plus étendu, comme l'est un ciel, on humecterait le papier avec l'éponge, mais il faut avoir soin de ne charger de couleur que lorsque le papier mouillé ne présente plus de parties luisantes d'eau, mais un aspect demi-mat et uniformément mat, qu'on peut, du reste, obtenir en tamponnant le mouillé légèrement avec un petit linge fin.

L'élève remarquera que le papier à gros grain prend plus difficilement la couleur sans être mouillé, le pinceau n'atteignant pas immédiatement le fond creux qui existe entre les grains; que de plus, par l'effet même de cette contexture sinueuse, les couleurs lourdes, telles que le cobalt, par exemple, et d'autres y déposent des points qui font tache dans tous ces creux, sortes de vallées où s'accumulent les atômes colorés formant comme des lacs azurés.

Cette observation démontre la nécessité de ne pas travailler les teintes de cobalt, ou qui en renferment, en mouillant préalablement avec trop d'abondance; car si la charge du pinceau de couleur était trop forte par-dessus l'eau dont on aurait imbibé le papier, le cobalt qui ne surnage pas irait immédiatement se loger au fond des grains, et ne laisserait que trop peu de ses molécules à la surface des points saillants, d'où résulterait nécessairement une teinte bleue semée de points plus foncés.

Le papier dit *torchon* offre à l'artiste l'avantage des effets croustillants qui convient à de grands dessins qui doivent être traités avec hardiesse ; il favorise par ses aspects spongieux et éraillés obtenus par un pinceau rapide, l'imitation des murailles, des rochers, et en général de toutes les surfaces raboteuses. Il est moins propice au moelleux des nuages et au modelé d'une tête féminine dont la grâce et la jeunesse résulteraient des passages arrondis de toutes les parties du visage.

Il est très-important d'expérimenter sur chaque exercice avec patience, persévérance et méthode ; et pour ne pas fatiguer l'attention de l'élève, nous recommanderons de ne pas compliquer cette étude par celle des mélanges. Elle viendra à son tour. La première chose à apprendre est le maniement du pinceau sur divers papiers de différentes qualités avec une couleur sans aucun mélange, prise au hasard sur la palette.

La seconde est d'opérer sur tous les papiers et successivement avec des rouges, des jaunes, des oranges, des bleus, etc., etc., isolément pour faire connaissance avec le plus ou moins de facilité qu'on éprouve à les étendre, à les fondre et à les retoucher sans dépouiller le dessous.

On s'exercera en troisième lieu à tirer le pinceau chargé le long d'une ligne parfaitement droite en le faisant agir de gauche à droite et de droite à gauche, de manière que sa pointe suive sans aucune déviation la droite tracée ; on descendra, et à mesure que les bandes se traceront, on en adoucira le bord avec le pinceau auxiliaire humide, afin qu'en reprenant une seconde zone, il ne se forme pas d'arête et que la seconde, la troisième, la quatrième, etc., bandes se confondent avec la première en une seule et sans aucune tache. Pour faciliter ce travail, il est bon d'humecter préalablement avec l'éponge le papier, et comme il arrive que certains papiers sont quelquefois rebelles à prendre la couleur qui se retire des parties grasses que leur surfasse peut avoir, on corrige cet inconvénient en dissolvant dans l'eau du verre une petite partie d'une préparation de fiel de bœuf que vendent les marchands de couleur à cet effet. Il ne faut en mettre que très-peu ; cette substance doit à peine colorer l'eau d'une teinte imperceptible. On peut aussi dissoudre un peu d'alun dans le verre, cela fixe les couleurs en les faisant adhérer au papier.

TEINTES PLATES.

On remplira ainsi de teintes plates des carrés longs tracés légèrement au crayon et de différentes grandeurs, les uns horizontaux, les autres verticaux, puis des triangles de diverses formes, des polygones, etc., pour apprendre à faire agir le pinceau et la main en toutes directions avec liberté et sûreté, et à ne point faire de taches dans les teintes plates, claires ou foncées. On s'exercera sur de petites surfaces d'abord, et l'on finira par en couvrir de plus grandes.

Pour obtenir avec parfaite régularité une teinte quelconque, on sera toujours sûr d'arriver à un bon résultat en ayant soin de fondre immédiatement avec le pinceau humide chaque touche du pinceau, qui couche la couleur si la teinte à appliquer doit s'étendre sur beaucoup de surfaces (c'est ainsi, du reste, que le pratiquent les architectes). On prend un petit carré de papier fort et bien collé que l'on glisse, de manière à en faire un petit godet, et l'on y jette avec un gros pinceau quelques gouttes d'eau où l'on délaie en quantité suffisante la teinte qu'on veut, et l'on est ainsi plus sûr de ce qu'on veut appliquer. On s'épargne ainsi la difficulté qu'on éprouve toujours, surtout en commençant, de retrouver précisément la même valeur de ton de la couleur qu'on cherchait à employer.

Aux exercices de teintes plates, claires et foncées, dans des espaces rectilignes, ou terminés par des lignes droites, on fera succéder des essais analogues sur des espaces circulaires ou terminés par des courbes.

Après avoir acquis l'habitude pratique des teintes plates de toutes formes, on s'occupera de la dégradation des teintes; on commencera par une ligne droite, le long de laquelle on fera suivre un pinceau avec égalité de mouvement, sans déviation et sans repasser trop souvent. On fondra à mesure le bord d'un côté avec de l'eau. On apprendra ainsi entre deux lignes parallèles, en fondant régulièrement du bord tracé vers l'intérieur, à donner l'apparence d'une surface cylindrique arrondie comme une colonne; et en agissant pareillement sur le tracé d'un cercle vers le centre, on obtiendra la rondeur sphérique d'une boule.

Il sera utile de mettre sous les yeux de l'élève une bille ou boule de billard et dans un cercle tracé au compas, de lui en proposer l'imitation au moyen de ce qu'il sait dégrader une teinte avec de l'eau. Nous recommandons particulièrement aux personnes qui veulent avancer rapidement, de ne négliger aucune de ces études primaires, bien qu'ennuyeuses au premier abord, et de ne jamais perdre de vue que plus elles seront familières à l'élève et plus les difficultés de l'imitation de la nature disparaîtront ensuite. Quiconque a le désir de réussir dans un art, doit se résoudre à subir courageusement les efforts ennuyeux que certaine partie mécanique de tout art présente.

Il vaudra mieux, pour la plus prompte satisfaction d'un amateur qui veut acquérir de l'habileté au lavis, de commencer par de petits sujets de fabriques où il y a beaucoup de teintes plates, et de bien se rendre maître de l'exécution dans le lavis (dit monochrome ou camaïeu) à la sépia, à l'encre de Chine ou à la bistre, avant de chercher à copier une aquarelle. L'enluminage de la lithographie dont nous donnons ici les notions, est un fort bon acheminement pour arriver à l'étude de l'aquarelle, et il peut être toujours amusant et agréable aux personnes qui n'ont même pas les premières notions du dessin.

Nous ajouterons ici, avant de terminer ce chapitre, la recommandation de faire les exercices décrits précédemment, avec différentes grosseurs de pinceaux, pour en apprendre tous les effets, ainsi qu'avec des pinceaux plats et carrés. On s'exercera aussi à faire des essais de ciels dégradés, et où les nuages blancs s'obtiendraient en réservant leurs contours et en fondant les bords pour éviter les duretés. On remarquera que la teinte plate ou dégradée demande toujours une humidité égale de pinceau, pendant tout le temps qu'on met à l'exécuter, et que si par hasard on y laissait tomber une goutte d'eau, il s'y formerait immédiatement une tache blanche.

On peut enlever des clairs sur une teinte quelconque en les touchant dans la forme voulue par le sujet avec de l'eau pure qu'on laisse un instant sur place et en frottant rapidement avec un chiffon de soie.

OBSERVATION GÉNÉRALE RELATIVE AUX PAPIERS

Le grain plus ou moins fin du papier influe trop immédiatement sur l'exécution pour être traité avec indifférence.

Il faut préférer le papier lisse et fin de grain pour les sujets qui ont de la délicatesse, les petits sujets qui demandent une grande fraîcheur de touche et de coloris, tels que les fleurs, les petites figures à costumes de genre ou de petites vues, qui prendraient un aspect presque repoussant sur le papier torchon. On doit proportionner le grain du papier à l'importance et au fini du sujet, et on doit également y proportionner aussi l'abondance de l'eau dans la couleur. Il faut mettre beaucoup plus d'eau dans les grandes teintes sur papier torchon que sur les autres papiers et opérer avec le pinceau simplement humide sur le papier lisse ; sur le bristol, qui ressemble presque à l'ivoire, le mode de travail se pratiquera presque à sec, trop d'eau empêcherait les couleurs de prendre. Ce papier demande à être peint très-franchement et sans revenir pour obtenir les vigueurs ; il offre de grands rapports avec le travail de la miniature. Le bristol français a souvent l'inconvénient de se pelucher, si on le fatigue sous le travail d'un pinceau assidu, et, règle générale, l'aquarelle, sur quelque papier que ce soit, exige la plus grande franchise du coup de pinceau.

LES PINCEAUX, LA TOUCHE ET L'INCLINAISON OU POSITION QU'ON DOIT ADOPTER POUR SON TRAVAIL.

Le raisonnement et la simple observation sur la nature d'un gros pinceau chargé de beaucoup trop d'eau et de beaucoup trop de couleur démontrent qu'en le tenant verticalement, dès qu'il touche le papier du stirator (tenu horizontalement) il y dépose une grosse tache ronde, qui, si vous la laissez sécher dans cette position et selon la couleur employée, sera d'une certaine disposition moléculaire. Il pourra se faire que la couleur s'y dépose plus abondamment au centre que sur le bord, il pourra se faire aussi que le contraire ait lieu ; on y observera quelquefois que certaines couleurs s'y déposent sous forme de végétations arborescentes. Il y aurait là beaucoup de sujets à réflexion pour un chimiste ; mais ceci est en dehors de notre sujet. On pourra en conclure que si l'on tient le pinceau incliné, la couleur descendra moins abondamment dans sa pointe ; que, par conséquent, voulant donner une touche ferme et large en même temps, il faut y ménager l'eau pour empêcher la couleur de descendre *trop vite;* que, pour faire des touches vives, nettes et vigoureuses, on doit mettre peu d'eau et employer un pinceau moyen ou petit à pointe bien fine, et le tenir verticalement. Pour faire un ciel dégradé, on peut incliner son stirator en tenant la partie foncée vers la poitrine et la partie claire en haut, de cette manière l'inclinaison du stirator sur le pupitre aide à la couleur à se dégrader du clair au foncé.

DU COLORIS DES LITHOGRAPHIES A L'USAGE DES PERSONNES QUI NE SAVENT PAS DESSINER.

OBJETS NÉCESSAIRES. — EXERCICES INDISPENSABLES.

A la ville comme à la campagne, l'hiver comme l'été, il est un amusement qu'on peut prendre, un petit talent qu'on peut acquérir. Ce petit talent est celui à l'aide duquel on en arrive à colorier des lithographies, telles que : fleurs, figures, animaux, paysages, marines, etc.

Les personnes qui désirent apprendre le coloris doivent d'abord se munir de tous les objets indiqués pour l'aquarelle, seulement il suffit de prendre un assortiment de couleurs françaises qui seront excellentes si vous les achetez chez Berville ou Cabasson, Susse ou Giroux, Binant, Saint-Martin, Colcomb Bourgeois et Chenal, car toutes ces maisons, si bien connues des amateurs et des artistes, ne tiennent que les couleurs de première qualité.

Les premières leçons doivent se prendre sur du papier rayé ou corroyé largement; on y étend différentes teintes en faisant attention de ne pas dépasser, et de ne pas tacher; pour remplir une raie, par exemple, vous devez commencer à poser votre pinceau en haut de la feuille en l'appuyant sur la gauche; puis, lorsque vous avez bordé un petit bout de ce côté avec un pinceau assez plein pour que la couleur reste quelques instants mouillée, vous remplissez prestement l'espace vide entre vos deux raies; en arrivant à votre droite, vous tenez le pinceau perpendiculairement, car s'il était couché, son ventre rempli de couleur vous ferait dépasser malgré vous la ligne qui doit vous servir de limite ; ensuite vous revenez vers la gauche et vous reprenez dans la teinte humide encore, car si vous lui aviez donné le temps de sécher ou qu'elle n'eût pas été étendue avec un pinceau assez plein, la couleur fraîche que vous posez ne pouvant se mêler à celle qui serait séchée, produirait d'ignobles taches que rien ne pourrait faire disparaître.

Lorsque vous en serez arrivé à conduire dans vos raies et dans vos carreaux les teintes qui doivent les remplir, même les plus sombres et les plus épaisses sans faire de taches, ni sans altérer la pureté des contours, vous pourrez prendre des costumes : plusieurs feuilles en noir et une semblable en couleur qui vous servira de modèle, et vous vous exercerez à en reproduire fidèlement l'aspect.

PRÉPARATION DU PAPIER.

Les lithographies étant ordinairement tirées sur papier non collé, il est indispensable de lui faire subir la préparation appelée encollage, sans laquelle la couleur passerait au travers.

Voici la manière de faire cet encollage : ayez pour cinq centimes de colle de Flandres, pour autant de savon blanc sans odeur, et pour autant encore d'alun en poudre ; faites fondre votre colle avec votre savon râpé dans une quantité d'eau équivalent à une bouteille, et mettez le tout sur le feu dans un vase de terre ou de fer-blanc, en ayant soin de remuer jusqu'à ce que le savon et la colle soient complétement fondus ; alors vous y ajouterez l'alun en poudre, qui en se dissolvant donnera à votre encollage la blancheur et l'opacité du lait. Puis vous passerez le liquide, et vous y ajouterez l'eau nécessaire pour faire six bouteilles ; vous les boucherez et les mettrez au frais afin de vous en servir au besoin.

A l'aide d'un gros pinceau appelé blaireau, vous passerez doucement l'encollage sur vos feuilles que vous aurez posées à plat sur une table revêtue de papier gris très-propre.

Lorsque vous verrez que votre lithographie est bien traversée partout et surtout aux endroits où se trouve le crayon, vous la laisserez se ressuyer quelques instants à plat sur du papier gris, puis vous la ferez sécher à cheval sur une corde aussi garnie de papier gris, et vous traiterez successivement toutes les autres de la même façon.

Vos feuilles une fois séchées, il pourrait arriver que le papier se montrât rétif par trop d'encollage et refusât de prendre la couleur; vous prendriez alors un peu de fiel de bœuf et vous en mettriez seulement un soupçon dans chacune des teintes dont vous auriez à vous servir; un peu d'eau-de-vie remplace le fiel avec avantage lorsqu'on n'a pas affaire à du papier trop vigoureusement encollé. Pour tout le reste les renseignements donnés pour l'aquarelle doivent suffire; surtout ne rompez pas autant vos couleurs, employez-les plus crues, plus vives, le crayon lithographique mettant dans vos tons un élément qui les assourdit suffisamment.

DEUXIÈME LEÇON.

DE L'ESQUISSE. — DE L'ÉBAUCHE DES SUJETS DE GENRE, D'INTÉRIEUR, DE MARINE ET DE PAYSAGE.

L'esquisse se fait avec un crayon mine de plomb n° 3; on peut en masser légèrement les ombres s'il s'agit d'un paysage, d'une marine ou d'un intérieur, mais on ne doit pas procéder de même s'il s'agit d'une figure, car en travaillant par dessus le crayon on en entraînerait assez dans les teintes pour les salir ou du moins pour en altérer la pureté.

On doit mettre aussi beaucoup de soin pour faire disparaître les faux traits que le crayon peut avoir laissés ; on se sert pour cela de gomme élastique, de peaux de gants ou de mie de pain : ce dernier moyen est celui que nous préférons. Pour l'employer, on fait une petite boulette allongée, avec une parcelle de mie de pain rassis, très-propre, puis on enlève les faux traits en ayant soin de frotter légèrement pour ne pas altérer l'épiderme du papier.

Qu'il s'agisse d'une marine ou d'un paysage, c'est toujours par le ciel qu'on doit commencer. Les lointains doivent être attaqués en même temps que le ciel ; de là on passe aux premiers plans, puis aux plans intermédiaires ; comme dans l'ébauche tout le travail doit marcher à la fois, et que les teintes se fondent et se perdent les unes dans les autres, il faut éviter avec soin tout mélange entre celles qui doivent se nuire ; ainsi, lorsque dans le ciel on a mis les tons bleus qui figurent la voûte et qu'on en arrive à masser les nuages lumineux qui viennent se découper dessus, il faut laisser sécher la première teinte avant de poser la seconde, afin d'éviter qu'en se rapprochant et en se fondant l'une dans l'autre, cette réunion ne forme une teinte verdâtre, suite naturelle du jaune et du bleu mélangés.

Les teintes employées pour l'ébauche doivent toujours être peu vigoureuses, puisque ce n'est qu'en revenant sur les tons primitifs qu'on peut obtenir de la transparence. Nous avons dit que les lumières se réservaient, ajoutons néanmoins que bon nombre d'artistes les couvrent entièrement en ébauchant, se réservant de les rattraper ensuite lorsque la teinte est encore humide. On emploie pour cela l'éponge ou bien un pinceau presque sec, ou bien encore un petit chiffon très-fin, derrière lequel on pose l'index et dont on se sert pour enlever la teinte primitive aux endroits qui doivent être lumineux.

Une des qualités de l'ébauche, c'est d'être faite largement, exécutée au premier coup et que les différentes valeurs de chaque plan et de chaque chose s'y trouvent bien observées.

L'ébauche une fois séchée, on doit revenir de nouveau sur les parties vigoureuses, en ayant soin de soutenir le ton qui perd toujours en séchant; c'est surtout dans un paysage qu'il faut avoir soin de faire le décompte de cette déchéance de ton avant que de commencer les masses d'arbres ou les toits des fabriques qui doivent s'enlever en vigueur sur les fonds lumineux ou vaporeux, ou sur le ciel dont cette opposition ferait pâlir les tons brillants et lumineux si on ne les forçait un peu de façon à ce qu'ils puissent en tombant rester ce qu'ils doivent être réellement.

Il y a là encore une difficulté, mais c'est une de celles que l'habitude doit faire promptement disparaître.

Les arbres de premier plan doivent être plus ou moins arrêtés dans leurs contours, selon que les indique l'état de l'atmosphère, l'heure de la journée, les dispositions locales. Les détails de leurs masses verdoyantes demandent à être faits franchement, hardiment, dans le sentiment de dessin qui leur est propre, soit qu'on ait à rendre la feuille du chêne ou de l'orme, ou de tout autre arbre, puisque chacune présente aux yeux un caractère particulier dont il faut avoir fait une étude spéciale.

Quant aux groupes d'animaux ou de figures dont s'enrichissent les marines et les paysages, après qu'ils ont été dessinés avec soin, il faut les réserver pour les faire en dernier. Quelques artistes aquarellistes passent par-dessus sans les ménager, se réservant de les reprendre avec des tons gouachés, c'est-à-dire mélangés de blanc avec lesquels on ravive les lumières; mais de pareils moyens détruisent, selon nous, la pureté, la transparence de l'aquarelle qui dégénère alors en un genre bâtard, car les artistes qui trouvent indifférent d'employer la gouache finissent presque toujours par en mettre un peu partout, ce qui dénature complétement l'aquarelle et lui ôte sa franchise et sa légèreté en lui substituant un aspect froid, lourd et plâtreux.

Les eaux, le ciel et les lointains doivent être ébauchés largement, il faut en bien indiquer les ombres principales. Les eaux, lorsqu'elles reflètent le ciel, ou les objets dont elles sont environnées, doivent se travailler avec les tons qui ont servi à l'ébauche de ces mêmes objets en observant de les rendre plus légers.

Pour obtenir l'aspect des vagues ou celui qu'offre le bouillonnement des eaux, on se sert du chiffon, de l'éponge, du grattoir et de quelques autres moyens encore appelés *ficelles* par les *rapins*. Les meilleurs et ceux qu'il faut employer, sont ceux qui réussissent le mieux lorsqu'on en fait l'essai : chacun a sa manière d'opérer, et toutes les manières sont bonnes si l'on réussit.

Les aquarellistes anglais tirent un très-grand parti de ces divers moyens, qui sont surtout utiles quand on peint d'après nature, parce que alors la rapidité de l'exécution devient une nécessité, et qu'en ne s'astreignant pas à réserver les lumières, on ne se trouve pas arrêté comme on le serait si l'on devait ménager certaines parties au lieu de passer par-dessus.

Ils en arrivent donc ainsi à beaucoup de franchise dans la teinte, à beaucoup de large dans l'exécution ; mais, nous le répétons, si l'on procédait de même pour des sujets de figures d'une certaine dimension, pour des portraits, on ne ferait rien de bien, car le grattoir, le chiffon ni l'éponge ne suffisant plus pour rattraper de plus larges lumières, on serait obligé de reprendre certaines parties avec du blanc, et l'on tomberait alors dans le genre mi-partie gouache et aquarelle, que nous avons signalé et qui ne saurait satisfaire aux exigences d'un aquarelliste *pur-sang*.

Dans le paysage et dans la marine on procède à peu près de même pour certaines parties.

Ainsi les ciels se font avec le cobalt ou l'outremer et parfois avec le bleu de Prusse, légèrement mélangé de laque. C'est la nature ou le modèle qu'on copie qui doit dire de laquelle de ces couleurs il faut se servir de préférence.

Supposons donc que vous ayez devant les yeux soit un paysage d'Hubert, soit une marine d'Isabey (car avant de pouvoir copier la nature il faut se familiariser avec la palette en copiant des aquarelles ou des tableaux), le motif que vous voulez reproduire vous indiquera les mélanges qui vous sont nécessaires.

Pour les tons gris et les tons bleuâtres du ciel, il faut employer le cobalt, l'outremer, le payn's-gray, la laque ; les lointains doivent se faire avec les mêmes couleurs. Les effets de soleil couchant s'obtiennent avec des mélanges de jaune indien, de minium, de vermillon.

Les eaux sont ou verdâtres ou bleuâtres :

Pour ces dernières, il faut employer le payn's-gray, l'indigo, le cobalt, l'outremer et parfois un peu de sépia.

Pour les autres, on doit se servir de payn's-gray,

d'indigo et d'une pointe de sépia, qu'on réchauffe ensuite avec le jaune indien, l'ocre, la terre de sienne brûlée.

Les feuillages des arbres, s'ils sont frappés du soleil, ou s'ils s'enlèvent sur un ciel chaud, doivent participer du ton du ciel, c'est-à-dire être faits avec des tons chaudement colorés; leurs masses éclairées demandent à être préparées avec du jaune indien, de la terre de sienne brûlée, parfois un peu de laque; ensuite vous reprenez dans cette première teinte, avec un ton vert que vous composerez en ajoutant à celui qui vous a servi pour vos masses lumineuses du jaune indien avec une pointe d'indigo : l'ocre peut s'y joindre avec succès si la teinte à copier semble en demander. Dans les verts plus crus, plus âpres, on peut mettre une pointe de bleu de Prusse; dans les arbres et la végétation des seconds plans, tous les tons doivent être plus légers; le cobalt sert pour les masses placées dans la demi-teinte ou qui s'enlèvent sur le bleu du ciel; les lumières se glacent avec un peu de laque. Les verts bruns et noirâtres des premiers plans demandent de la terre de sienne brûlée, de la sépia, de l'indigo.

Si la végétation que vous avez à copier est revêtue de tons brûlés, comme cela arrive dans l'automne, la préparation des masses lumineuses se fait avec de la terre de sienne brûlée pure ou mélangée de laque, ou bien encore avec du jaune indien et de la laque. Pour faire la partie ombrée de ces masses on ajoute au ton dont on vient de se servir un peu plus de sienne brûlée avec de la sépia en y joignant une pointe d'indigo.

Le tronc des arbres bleuâtres ou violâtres se prépare avec de légères teintes de payn's-gray, d'indigo, de laque qu'on glace par places et suivant que le modèle l'indique, avec un peu de sépia, de sienne brûlée et un léger mélange de laque et d'indigo.

Ceux qui affectent un ton brun doivent être préparés avec l'ocre, la terre de sienne brûlée, une pointe de laque et de la sépia ; pour les retouches, il faut les mêmes tons, plus vigoureux, mais y mettre un peu plus de sépia et du payn's-gray qu'on réchauffe lorsqu'il en est besoin avec un peu de terre de sienne brûlée et de laque.

Les terrains, les fabriques et les rochers demandent à être préparés ainsi : Pour les tons lumineux, l'ocre, la sienne brûlée et un peu de minium et même de laque ou de brown-madder ; pour les tons d'ombre et de demi-teinte grisâtres ou bleâtres, le cobalt plus ou moins soutenu par le payn's-gray, et parfois une pointe de laque ou de brown-madder qui rompt la crudité du cobalt, lequel entre dans presque tous les gris fins et légers. Par-dessus ces préparations, on revient avec des tons composés de payn's-gray et de terre de sienne brûlée ou de sépia et de laque ou de sienne brûlée mélangée d'ocre, de laque ou de payn's-gray.

Puis enfin, avec le même ton qu'on rend plus vigoureux par une adjonction de sépia, laque et payn's-gray, on indique les ombres portées, les creux des terrains, les interstices des pierres, les anfractuosités des rochers et de toutes les retouches vigoureuses qui se trouvent dans l'écorce des arbres, dans les barques, les bâtiments, les pièces de charpentes, etc.

Les enseignements qui précèdent peuvent également s'appliquer aux *intérieurs*.

Ainsi, la partie claire ou lumineuse s'obtient avec des tons jaunâtres plus ou moins mélangés de terre de sienne brûlée, d'ocre jaune, de brown-madder, et parfois légèrement violacés, semblables à ceux dont vous devez vous servir dans les paysages et dans les marines pour rendre les terrains exposés au soleil. Quant à la partie qui se trouve dans l'ombre, elle doit être préparée avec des tons grisâtres, sur lesquels vous reviendrez avec de l'ocre mélangée de sépia, du payn's-gray réchauffé par une pointe de sienne brûlée, de laque ou de brown-madder : observer surtout que dans un intérieur ce sont les tons gris et amortis qui règnent dans la partie ombrée.

TROISIÈME LEÇON.

Les groupes de figures ou d'animaux qui se trouvent dans un intérieur, une marine ou un paysage, doivent, avons-nous dit, être dessinés soigneusement et réservés; le dessin à peu près fini, on s'occupe de les terminer.

Dans les chevaux, on emploie la sépia plus ou moins chaudement colorée avec la terre de sienne et la laque : le payn's-gray se mélange à la sépia s'il s'agit d'un cheval dont la robe est noire ou brune : si la robe du cheval est café au lait, l'ocre jaune, la laque, la terre de sienne brûlée vous fournissent les tons nécessaires que vous assombrissez en y ajoutant une pointe de sépia.

L'âne se prépare en gris (payn's-gray) qu'on réchauffe, s'il en est besoin, avec un peu de sienne brûlée; les retouches se font avec la sépia.

Les vaches se font avec les mêmes tons qui s'emploient pour les chevaux; les retouches et le mouchetage de leur poil, soit roux ou blanchâtre, se font avec la couleur rousse, ou brune, ou noire, obtenue par l'ocre et la laque, ou la terre de sienne brûlée, ou bien avec de la sépia plus ou moins réchauffée; ces retouches doivent se faire avec un ton assez vigoureux, épais et mis presque à sec.

Il en est de même de certains détails dans les terrains et de certaines arrachures qui se montrent dans les vieux plâtres et dans les murs; d'une part le pinceau presque sec pour faire la retouche, de l'autre le chiffon à l'aide duquel on enlève, et l'on peut obtenir des effets surprenants. Decamps, dans ses tableaux, nous a laissé les plus beaux modèles de ces sortes d'effets, qu'il obtenait avec le manche de sa brosse. (Ce procédé est connu sous la dénomination de *draguine*.)

Les chèvres, les moutons, se couvrent d'un ton jaunâtre, composé d'ocre que vous salissez avec un peu de sépia s'il est trop brillant; quelques tons plus roux, le museau légèrement rosé, la sépia pour les ombres vigoureuses, un peu de gris dans les parties ombrées, et enfin les lumières enlevées, soit avec l'éponge, soit avec le grattoir pour les plus brillantes, et vous pourrez rendre d'une manière satisfaisante l'animal bêlant et broutant qui donne la vie au paysage, et sur lequel s'est appuyée la réputation de Mme Deshoulières.

Les indications à suivre pour les vaches et les taureaux peuvent être suivies aussi à l'égard des chiens, dont le pelage est ordinairement tacheté de même façon.

Dans les leçons qui suivent, nous indiquerons de quelle manière il faut procéder pour les chairs, les carnations; puis, dans une autre, nous dirons quels sont les mélanges avec lesquels on obtient différentes couleurs nécessaires aux draperies, aux vêtements, aux armures, aux bijoux, etc.

L'élève devant trouver dans ces renseignements tout ce qui peut lui être utile pour amener à bien les groupes de personnages qui enrichissent les paysages, intérieurs, ou marines, de la reproduction desquels il s'occupe, nous avons pensé que tout ce que nous pourrions dire de plus ici à ce sujet serait un double emploi, c'est pourquoi nous nous abstenons. Avant de finir ce paragraphe, nous vous recommanderons de copier de préférence les aquarelles d'Hubert, en vous occupant d'abord des plus faciles, pour en arriver à celles qui devront vous offrir plus de difficultés, nul paysagistes n'ayant une manière de faire plus large, une facilité plus remarquable. Durand Brager, Wild, Ziem, Ad. Midy vous offriront de charmants modèles de marine et d'intérieurs que vous pourrez étudier avec fruit, jusqu'à ce qu'enfin, devenu assez fort, vous puissiez transporter un genre dans l'autre, et copier à l'aquarelle les tableaux de l'école moderne, dans laquelle se presse une myriade de talents de premier ordre.

QUATRIÈME LEÇON.

DE LA FIGURE EN GÉNÉRAL ET DES DIVERSES COLORATIONS DE CHEVEUX.

Nous avons dit que votre esquisse devait se faire avec un crayon Rowney. Lorsqu'elle est terminée, vous prenez un peu de cobalt que vous mélangez avec du brown-madder, et vous repassez avec votre trait, en le rectifiant et l'épurant; pour cette opération, votre pinceau ne doit contenir que peu de couleur, afin de ne rien perdre de sa fermeté, car il ne doit remplir ici que l'office d'un crayon.

Ensuite vous prenez une légère teinte d'indigo, avec laquelle vous massez vos ombres, en ayant soin d'adoucir très-légèrement, avec votre pinceau à fondre humide seulement et non mouillé, le contour de ce modelé.

Vos ombres étant établies, vous passez sur le tout un ton local ou teint de chair, et ce n'est que plus tard, en terminant, que vous vous occuperez de la demi-teinte qui sert d'intermédiaire entre le ton local et l'ombre, et qui se fait en retouche et non pas en teinte.

Ce ton local, qui est la carnation plus ou moins chaudement colorée de l'individu, se compose d'une légère teinte d'ocre jaune, mélangée d'un peu de minium. Nous venons de dire que ce teint de chair ou ton local s'étend par-dessus tout, même sur l'ombre; néanmoins il faut ménager le blanc des yeux, et aussi, pendant que la teinte est encore fraîche, enlever, avec un pinceau presque sec, ce qui forme le dessous de la paupière inférieure où se trouvent ordinairement des tons fins et nacrés.

Si l'on n'a pas eu ce soin, on peut remédier au mal en enlevant légèrement, avec un petit chiffon, lorsqu'on est arrivé à terminer.

La teinte incarnat qui se trouve sur les joues se fait avec de la laque et un peu de minium; parfois une pointe de vermillon fait très-bien aussi, cela dépend de l'éclat plus ou moins vif qui distingue le modèle.

Le coloris des joues étant indiqué, on doit préparer les lèvres avec de la laque et du vermillon; les oreilles, les narines, doivent être glacées avec une teinte un peu plus rosée que le ton local; pour les retouches qui marquent le modelé des lèvres, l'intérieur des narines et des oreilles, il faut faire un mélange de terre de sienne brûlée, de laque et de brown-madder; on peut y ajouter une pointe de cobalt pour le rendre plus sourd.

En somme ce mélange doit produire un ton rougeâtre obscur, mitigé par quelque chose de jaunâtre; la demi-teinte qui fait tourner les joues en se liant à l'ombre, se fait avec un peu de cobalt rompu avec une pointe de brown-madder; à ce ton vous ajoutez une parcelle d'ocre jaune, vous en retouchez les ombres les plus vigoureuses des paupières, vous faites les petites retouches, ainsi que celles qui doivent exister sous les masses de cheveux accompagnant le visage. Le cou offre parfois dans l'ombre des tons roux qui doivent se faire en mettant un peu d'ocre jaune mélangée de terre de sienne brûlée ; si, au lieu d'être jaune-roux, le cou présente un aspect verdâtre, il faut dans le mélange mettre plus d'ocre jaune et moins de sienne brûlée et comme la demi-teinte de votre cou a dû être préparée avec de l'indigo ou du cobalt rompu légèrement, votre ton jaune, mis par-dessus, vous donnera l'effet que vous voulez rendre.

Presque toutes les retouches d'une tête se font avec un pinceau peu rempli, et alors elles se fondent facilement avec l'autre pinceau, humide seulement. Avant d'en poser une seule, inspirez-vous bien de votre modèle, voyez quelle est l'inclinaison, la forme donnée à chacune d'elles, car telle retouche, mise sans soin et sans l'observation du modèle, gâte l'effet de votre tête ou le détruit, tandis que telle autre, mise avec esprit, avec sentiment, détermine la ressemblance et témoigne du goût et de la science de celui qui l'a comprise et exécutée ainsi.

Il est bien entendu que tout ce que nous venons de dire se rapporte à une carnation pure et fraîche, à un individu jeune et finement coloré.

Si l'individu était pâle (au cas où il s'agirait d'une figure de grande dimension ou d'un portrait), il suffirait d'affaiblir toutes les teintes.

Si, au contraire, on avait à reproduire un teint

méridional et chaudement coloré, au lieu d'ocre et de minium, vous mettrez de la terre de sienne brûlée, que vous modifierez, soit en y ajoutant un peu de laque, soit en y ajoutant un peu d'ocre ou de jaune indien.

Si c'est une tête de vieillard ou de vieille femme que vous avez à reproduire, dans un tiers d'ocre ou de minium, ou d'ocre mitigée d'une pointe de laque, ajoutez un peu de sépia, et vous aurez un ton local où le sang sera raréfié et qui tirera sur le grisâtre : il va sans dire que, pour les personnes basanées, les retouches doivent se trouver en rapport avec le ton local et comporter plus d'ocre ou de terre de sienne brûlée; au reste il vous suffira de bien étudier votre modèle, vous y lirez peu à peu comme dans un livre de quel ton vous devez vous servir pour l'imiter.

Les yeux bleus se font avec un peu de cobalt, repiqué dans l'ombre avec du payn's-gray mitigé par du brown-madder; pour les yeux bruns, prenez de la terre de sienne brûlée, brunie par de la sépia ou éclaircie avec un peu d'ocre, puis retouchez avec la sépia.

Les sourcils se font ordinairement avec le ton le plus vigoureux des cheveux. Le dessous de la paupière supérieure est toujours un peu jaunâtre; une pointe d'ocre, mitigée par un peu de laque et de cobalt, vous donnera le ton nécessaire.

La place de la barbe est bleuâtre : c'est avec la préparation d'indigo qu'il faut l'indiquer.

Les petites figures qui se trouvent dans les marines, les paysages ou les intérieurs, n'étant là, du moins pour l'ordinaire, que des accessoires, on doit en indiquer la masse seulement, c'est-à-dire en établir franchement les ombres et les lumières, pour en bien rendre l'effet, mais on ne saurait les détailler sans faire mesquin et lourd.

Il ne s'agit donc, ainsi que votre modèle vous le dira, que de préparer les chairs avec un ton suffisamment vigoureux, et d'accentuer le nez, les yeux, la bouche, par un ton sourd composé de brown-madder, de cobalt et d'un peu de terre de sienne brûlée; la partie ombrée du visage s'établira avec le même ton indiqué pour les têtes plus grandes, et enfin un peu de couleur rosée, rougeâtre ou jaunâtre, placée sur la partie colorée de la joue, suffira pour terminer vos figures de petite dimension. Il n'est pas besoin de dire que plus les figures sont grandes et plus le travail doit être détaillé et se rapporter à celui que nécessite un portrait.

Les cheveux blonds se massent avec du brown-madder mélangé de cobalt; les masses lumineuses se couvrent d'une teinte de jaune indien ou d'ocre jaune mélangée de laque et d'un peu de cobalt; le même ton, plus fort, suffit aux retouches; les vigueurs les plus accentuées se font en ajoutant une pointe de sépia et de sienne brûlée.

Les cheveux bruns se préparent ainsi : pour masser les ombres, noir d'ivoire et sépia, revenir avec de la terre de sienne brûlée, du brown-madder et du cobalt mélangés; avoir soin de ménager les lumières qui doivent être glacées avec du cobalt et du brown-madder; dans les cheveux noirs ou presque noirs, mettre moins de terre de sienne brûlée, et forcer le ton en sépia et en payn's-gray; en somme, les ombres doivent toujours renfermer un principe chaud et coloré, qui fasse valoir, par opposition, la finesse et la légèreté des lumières bleuâtres.

CINQUIÈME LEÇON.

DU MÉLANGE DES COULEURS NÉCESSAIRES AUX DRAPERIES, VÊTEMENTS, ETC.

Pour *les linges et draperies blanches*, on doit masser les ombres avec une légère teinte d'indigo; les demi-teintes s'obtiennent avec un mélange d'ocre et de cobalt, dans lequel on introduit une pointe de laque. Si ces ombres ou ces demi-teintes demandent un peu plus de vigueur que n'en peut fournir le cobalt ou l'indigo, on peut y ajouter une pointe de payn's-gray. Ces tons doivent être réchauffés ensuite avec un mélange d'ocre jaune et de laque, car si l'on se servait d'ocre pure, les ombres et les demi-teintes étant bleuâtres, il en résulterait un ton verdâtre; la laque est donc là pour modifier l'ocre. Le ton local des draperies blanches est composé d'ocre jaune légèrement étendue; les lumières s'enlèvent à l'aide du chiffon ou du grattoir. Quelques retouches demandent à être faites avec du cobalt auquel on ajoute un peu de vermillon.

Les draperies et étoffes rouges. Masser avec un mélange de terre de sienne brûlée et de sépia; ensuite, avec le même ton, plus clair, modeler les demi-teintes, puis, lorsque ces retouches sont bien sèches, mettre le ton local, composé de laque et d'un peu de vermillon et de jaune indien, le tout modifié pour en arriver à rendre l'aspect du modèle.

Les étoffes violettes s'obtiennent par les mêmes procédés que les draperies rouges, en ajoutant au ton local une pointe de cobalt, de bleu de Prusse, d'indigo ou de payn's-gray, suivant le besoin.

Les draperies lilas se font comme les draperies roses, en y ajoutant du cobalt ou du bleu de Prusse.

Les étoffes roses se massent avec le brown-madder et le cobalt; éclaircir, pour les demi-teintes, et faire le ton général avec de la laque rompue par une pointe de minium.

Draperies et étoffes bleues. Les ombres des étoffes bleues se massent avec un léger ton de sépia et de terre de sienne brûlée; les demi-teintes avec du brown-madder et du cobalt.

Si le bleu que vous avez à rendre est clair et léger, faites le ton local avec du cobalt soutenu par une pointe de bleu de Prusse, et ajoutez-y une parcelle de jaune indien, si le ton que vous avez à reproduire est un peu criard. Dans le cas où il s'agira d'obtenir un bleu plus vigoureux, après avoir fait vos retouches plus fortes, mélangez du bleu de Prusse et de la laque pour le ton local. Le drap, les molletons, les étoffes laineuses, demandent à être faits avec de l'indigo modifié par de la laque ou du brown-madder; les retouches doivent en être faites avec la sépia, le payn's-gray et un peu de laque ou de brown-madder.

Draperies et étoffes vertes. Prenez, pour masser vos ombres, de la sépia et de la terre de sienne brûlée, et le même ton plus clair pour vos demi-teintes.

Faites la teinte locale semblable à celle que vous devez copier, soit avec du bleu de Prusse, et du jaune indien modifié par un peu de terre de sienne brûlée, pour un vert foncé, soit avec un mélange de bleu de Prusse, de vert émeraude et de cobalt, auquel vous ajouterez du jaune indien si c'est un vert clair.

Pour les étoffes laineuses, les draps et molletons, pour les vêtements des marins et paysans, on procède de même manière que pour le vert foncé, en remplaçant le bleu de Prusse par l'indigo, qu'on obscurcit avec la sépia, ou qu'on fait tourner au violet en y ajoutant soit du payn's-gray, soit du brown-madder.

Les draperies jaunes : on mélange le noir d'ivoire et la sépia pour masser les ombres des étoffes jaunes.

Pour les demi-teintes, il faut employer le cobalt et le brown-madder; la teinte locale s'obtient en mélangeant de l'ocre jaune et du jaune indien avec un peu de minium.

Les draperies noires ou brunes : masser vigoureureusement les ombres avec du noir d'ivoire et de la sépia, et les ombres moins fortes, formant demi-teinte, avec le même ton, plus léger; le ton local d'une draperie d'un noir froid et bleuâtre se fait avec le noir d'ivoire ou de bougie, mélangé de payn's-gray, de cobalt et d'une pointe de brun rouge.

Les lumières s'enlèvent avec le chiffon mouillé, jusqu'à ce qu'on en arrive à produire l'effet du modèle. Les satins et les velours ont des plis cassants et brillants qui s'obtiennent en les enlevant, comme nous venons de le dire; seulement, les velours demandent un ton local moins bleuâtre que le satin. Les cachemires et toutes les étoffes laineuses doivent être d'un noir plus chaud et plus mat; le noir de bougie, le payn's-gray et le brun rouge mélangés rendent parfaitement ces sortes de noirs.

Les marrons, les bruns, le raisin de Corinthe s'obtiennent avec des adjonctions de terre de sienne brûlée ou de laque mélangée de cobalt ou de sépia, réchauffée par de l'ocre ou brunie par du brown-madder et du payn's-gray.

Pour en arriver à composer tous ces tons au point nécessaire, il ne saurait y avoir de meilleur moyen que la scrupuleuse observation du modèle.

Quant à la connaissance parfaite des mélanges, elle s'acquiert par l'habitude, bien moins longue à arriver qu'on ne le penserait au premier abord. Au bout de quelque temps d'études, faites avec intelligence et bonne volonté, la palette vous deviendra familière à ce point que vous trouverez plusieurs manières de composer le même ton ; mais, bien que ce soit une difficulté vaincue, nous devons dire que celle-là n'est pas la plus grande. La justesse du coup d'œil, le sentiment de la couleur, surtout dans les études d'après nature, le goût, le sentiment, l'esprit, qui se montrent dans la manière de faire, ce que les artistes appellent *la façon*, tout cela ne peut être appris à l'élève, et dépend avant tout de son organisation. C'est pourquoi parmi tant d'individus qui se livrent à l'étude de la peinture, il y en a si peu qui s'élèvent dans les hautes régions de l'art.

SIXIÈME LEÇON.

CONSIDÉRATIONS GÉNÉRALES. — CONSEILS.

Un axiome indiscutable, c'est qu'en toutes choses rien n'est plus important que le point de départ. Dans l'étude des sciences et des arts, comme dans la vie humaine, tout dépend des commencements ; un mauvais début est la chose la plus difficile à réparer.

Ne consultez donc, pour vos premières études, que les aquarelles d'artistes ayant un talent réel ; étudiezles avec conscience, cherchez à les reproduire comme couleur, comme *façon*, comme intention, et, lors même que vos premiers résultats seraient des plus médiocres, soyez assuré qu'avec le temps, en suivant cette route, vous arriverez à quelque chose de satisfaisant ; tandis qu'en copiant des aquarelles de pacotille, des œuvres sans nom et sans nulle valeur artistique, vous vous éloigneriez chaque jour davantage de la bonne voie, lors même et surtout alors que les reproductions que vous en feriez pourraient vous sembler fort encourageantes.

Avec les Hubert, il y a bon nombre d'artistes bons à étudier, parmi lesquels nous recommanderons Justin-Ouvrié, Wild, Siméon Fort, Deshayes et plusieurs aquarellistes anglais de beaucoup de mérite.

Dans le genre *marine*, dans l'*intérieur* et dans les *animaux*, nous vous indiquerons les aquarelles de Hoguet, Hérout, Hildebrand, Ad. Midy, Deshayes et aussi quelques Bonnington, devenus bien rares dans le commerce, mais non pas cependant impossibles à trouver.

Quelques aquarelles d'Alfred Dedreux et de Th. Fort vous donneront d'excellents spécimens relatifs à la manière dont il faut attaquer *le portrait* du cheval, et, dans les paysages, intérieurs et marines, vous trouverez à reproduire une foule d'autres animaux, tels que : vaches, ânes, moutons, chiens, chats, oiseaux de basse-cour, enfin toute une ménagerie.

Le *genre* proprement dit est la dénomination dont on se sert pour indiquer les aquarelles ou les tableaux dans lesquels la figure humaine, d'une certaine dimension, joue le rôle principal.

C'est parmi cette dernière catégorie que se trouvent placés les modèles les plus difficiles à reproduire.

Nous ne nous étendrons pas ici sur le mérite reconnu de quelques rares Charlet, ni sur de ravissants Eug. Lamy, ni encore sur les pages historiques qui ont été léguées aux arts par l'aîné des frères Johannot, car ces derniers dessins surtout, soit à cause de leur trop grande importance, soit en raison du prix auquel reviendrait leur location, sont très-peu copiés, et forment, dans les cartons qui les renferment, une masse flottante des chefs-d'œuvre qui passent d'une main dans l'autre, parmi les amateurs, gens fort capricieux pour l'ordinaire, qui achètent, troquent et échangent, sans scrupule ni remords et seulement d'après leur caprice du moment, les plus magnifiques choses du monde artistique.

Nous indiquerons donc seulement deux ou trois aquarellistes dont les œuvres et les enseignements sont plus que suffisants pour former d'excellents élèves, et d'abord nous placerons Ramelet, que les arts ont perdu jeune encore, et qui nous a laissé, sinon des dessins du premier ordre, du moins des études excellentes pour les personnes qui s'occupent d'aquarelle.

A. Lacroix viendra ensuite : à la tête d'un nombreux personnel d'élèves distingués et pouvant, en raison de sa fécondité, ne pas leur offrir d'autres modèles que ceux qui sortent de son propre fond, il est fort recommandable dans la peinture à l'huile, et l'un des plus habiles parmi les aquarellistes. Nous ne trouverions même rien à reprendre en ses productions, n'était ce qu'on peut appeler un *poncif* de couleur, qui répand sur la plupart une teinte roussâtre un peu monotone.

Mais si ce défaut est visible, ses qualités ne le sont pas moins, et l'on ne peut guère espérer trouver de modèles meilleurs que les siens.

Enfin nous citerons, pour terminer, Ad. Midy, dont les aquarelles sont surtout remarquables par une excessive finesse de ton, et qui réunit à cette qualité précieuse une extrême vigueur de coloris, alliant ainsi, dans ses productions, deux résultats qu'on pourrait croire incompatibles.

Après avoir amplement fourni les cartons des marchands, de spirituelles compositions et de motifs où brilla, pour la première fois, le costume breton dans tout son charme primitif, cet artiste s'est dévoué à des traductions de tableaux à l'huile, qui l'ont, sans nul doute, amené à cette vigueur qui le distingue et qui doit être pour vous un sujet d'étude. Ainsi, les Moissonneurs et les Pêcheurs, d'après L. Robert; le Jean-Jacques aux Cerises, de Roqueplan ; la Rotonde de Mai, d'après Muller ; les Scheffer, les Delaroche, les Winterhallter, qui ont été reproduits à l'aquarelle par son pinceau, pourront contribuer à vous faire doublement progresser.

Voilà donc deux aquarellistes, deux habiles professeurs dont vous pourrez suivre les conseils, et, comme nous pensons que c'est suffisant, nous n'en dirons pas davantage à ce sujet.

Lorsque nous avons composé la palette et le tableau de couleur qui accompagnent ce petit manuel, nous avons voulu le simplifier autant que possible, en n'y faisant entrer que les couleurs strictement nécessaires ; pourtant il en est quelques-unes encore qui, pour n'être pas employées ordinairement, n'en sont pas moins utiles dans certains cas.

La *pierre de fiel*, entre autres, appelée *gallstone* en anglais, peut vous servir dans les draperies jaunes, dans les végétations frappées du soleil ; enfin cette couleur peut aussi donner de la finesse et de la transparence dans les demi-teintes jaunâtres des chairs.

Le *smalt*, d'un assez difficile emploi, trouve assez souvent sa place dans les ciels, et, lorsqu'il a été employé dans votre modèle, vous ne pourriez en rendre l'effet par aucune autre couleur.

Le *scarlett* est un rouge magnifique, mais dont on ne saurait se servir en teinte ; il s'emploie parfois pour établir une vive lumière sur une draperie, pour frapper un bijou d'une étincelle brillante, etc. On ne doit pas le laisser dans la boîte qui contient les autres couleurs, d'abord parce qu'il s'altère et peut noircir, ensuite parce que le moindre contact avec le fer ou l'acier le décompose, et que la pointe d'un canif, d'un compas, l'approche d'une plume de fer ou d'une paire de ciseaux, peut le faire fondre ou le détruire complétement. Tenez-le donc à part, isolé, dans une boîte, et qu'il en soit de même de votre blanc, dont vous ne devez vous servir que rarement.

Nous avons dit que le papier Whatmann, avec un grain fin, est celui qu'on doit préférer pour la figure et pour tous les sujets pourvus de personnages d'une certaine dimension ; mais lorsque vous aurez à reproduire l'effet qui s'obtient sur le papier *torchon* seulement, et que, pour votre modèle, on s'en sera servi, il va de soi-même que vous devrez vous en servir aussi.

Si nous n'avons rien cru devoir vous dire pour les perles et les dentelles, c'est parce que vous devrez les traiter de la même façon que les *draperies blanches*, sauf la différence de la touche, qui fait ressortir les lumières des perles, qu'on peut empâter avec un peu de blanc, après en avoir marqué les ombres avec des tons gris et bleus, et les demi-teintes avec un ton jaunâtre.

Les aciers se préparent avec des bleus gris légers, revenus avec une pointe d'ocre, qui les verdit légèrement ; leurs demi-teintes demandent parfois du noir mélangé dans le ton d'ombre. L'acier, comme le cuivre et comme tout ce qui est luisant et poli, doit avoir de très-vives lumières, et participer de la couleur des objets environnants.

Nous ne quitterons pas la plume sans vous recommander aussi de ne jamais négliger les détails les plus petits.

Un joli effet dans le ciel, la brisure d'une feuille de quelque grande herbe placée en premier plan, une arrachure marquant la vétusté du mur, la boue du chemin, qui s'est inscrite sur la chaussure du paysan, la poussière qui couvre d'un voile grisâtre certains détails du terrain, la paillette lumineuse qu'attache un rayon de soleil à la pointe de la baïonnette du soldat, rien de tout cela ne doit être omis, car ce sont ces détails qui donnent la vie aux imitations de la nature.

FIN.

Paris — Imprimerie de POMMERET et MOREAU, 42, rue Vavin.

BIBLIOTHÈQUE ARTISTIQUE

à 1 fr. le volume et 1 fr. 20 c. franco.

LA PEINTURE SUR PORCELAINE, procédés de la manufacture de Sèvres.

LA MINIATURE apprise seule.—Un vol. in-8° avec planches d'étude.

LE PAYSAGE ET L'ORNEMENT appris sans maître.—Un volume in-8° orné de planches d'étude.

LE PASTEL appris sans maître.—Un vol. in-8° orné de planches d'étude.

LE DESSIN appris sans maître. — Un vol. in-8° avec planches d'étude.

LA PEINTURE A L'HUILE apprise sans maître. — Un vol. in-8° avec planches d'études.

L'AQUARELLE apprise sans maître. — Un vol. in-8° orné de planches d'étude.

LE MODELAGE appris sans maître.—Un volume in-8° orné de planches d'étude.

TRAITÉ DE COLORIS appris sans maître.

PEINTURE SUR PAPIER DE RIZ apprise sans maître.—Un vol. avec planches d'étude.

MANUEL artistique et industriel contenant les Traités de DESSIN industriel, de Morphographie, des Ombres, Hachures et Estompes, de Géométrie, etc., avec 22 planches d'étude.

TRAITÉ DE TAXIDERMIE, ou l'Art de mégir, de parcheminer, d'empailler, de monter les peaux de tous les animaux, de prendre, préparer et conserver les Papillons et autres Insectes, précédé des procédés GANNAL.—4e edition.

MANUEL DU CHANTEUR, PHYSIOLOGIE du CHANT, par STEPHEN de la MADELEINE, ex-Récitant de la Chapelle royale. — Un volume.

LE BONHEUR DANS LA FAMILLE, ou l'Art d'être heureux dans toutes les positions de la vie, suivies de Traités d'utilité et d'agrément avec planches d'étude.

MANUEL DU SAVOIR-VIVRE, ou l'Art de se conduire selon les convenances et les usages du monde, dans toutes les circonstances de la vie et dans les diverses régions de la Société.

MANUEL HYGIÉNIQUE DES BAIGNEURS, emploi raisonné des bains chauds, froids, de vapeur, simples, composés et de mer; des Eaux thermales de France et de l'Etranger, leurs propriétés curatives et les saisons spéciales de chaque source, etc. 2e édition.

MANUEL DU COMMERÇANT, Tenue des Livres en partie double et simple.

DEVOIRS DES ENFANTS ET DES JEUNES GENS, par P. Vattier. Un vol. in-12.

TRAITÉ DE LA PATINOTECHNIE, ou l'Art de patiner, par A. Covilbeaux, professeur attaché à l'Instruction publique. Un vol. grand in-18, orné de 15 belles lithographies.

LE DUEL DU CURÉ, charmante nouvelle tirée d'un épisode de 1848, par M. Dechastelus. Un vol. grand in-18.

PEINTURE LITHOCHROMIQUE, ou Imitations sur toile, et l'Art de donner aux objets dessinés au crayon, à l'estompe, aux lithographies, gravures, etc., l'apparence d'une jolie peinture à l'huile, suivie des procédés pour peindre et décalquer sur le bois et les écrans et d'obtenir, avec un petit nombre de couleurs, toute espèces de nuances. 5e édit., 75 c.

PEINTURE ORIENTALE, ou l'Art de peindre sur papier, mousseline, velours, bois, etc., et de décalquer sur verre, suivie de la Peinture sur porcelaine, sur verre et sur cristaux, 3e édition, grand in-18. 75 c.

L'ART de faire en **PHOTOGRAPHIE** des miniatures d'nne ressemblance parfaite sans savoir ni peindre ni dessiner, par Pinot. 1 vol. in-8. Prix, 6 fr.

Paris. — Imprimerie de POMMERET et MOREAU, 42, rue Vavin.

www.ingramcontent.com/pod-product-compliance
Ingram Content Group UK Ltd.
Pitfield, Milton Keynes, MK11 3LW, UK
UKHW022136190726
13855UKWH00003B/1174

9 782013 064859